Anhelo Conocerte Más...
Espíritu Santo

"No con ejército, ni con fuerza, sino con mi Espíritu, ha dicho Jehová de los ejércitos".

—Zacarías 4:6b

Roberto Hodgson

cnp

CASA NAZARENA DE PUBLICACIONES
LENEXA, KANSAS

Publicado por Casa Nazarena de Publicaciones
USA-Canada
Lenexa, Kansas (USA)
Octubre de 2017

Anhelo conocerte mas... Espíritu Santo

ISBN: 978-1-56344-868-3
rev2019.02.21

Edición, redacción, diseño y formato por
José Pacheco, jospacheco@aol.com
RED, Grupo Editorial —http://eytec.org/services.html

Las citas bíblicas se han tomado de la Biblia Reina-Valera Revisión 1960, de las Sociedades Bíblicas Unidas, a menos que se especifique otra ver-sión diferente directamente en el texto.

ÍNDICE

ESPÍRITU SANTO...
Anhelo Conocerte más

"Es natural que el líder cristiano anhele que el poder de Dios descanse sobre él y que se note en su ministerio. A menudo sientes que anhelas más poder para orar, hablar y llegar a las vidas de aquellos que atiendes en tu ministerio. Ese anhelo es dado por Dios que lo pone en tu corazón por medio del Espíritu Santo, pues quiere que le pidas y confíes más en él en lo que respecta a su poderoso ministerio a través de ti"

—Wesley l. Duewel
Ardiendo para Dios (1995).

"*No con ejército, ni con fuerza, sino con mi Espíritu, ha dicho Jehová de los ejércitos*".
—Zacarías 4:6b

INTRODUCCIÓN

LA INSPIRACIÓN PARA ESCRIBIR este devocional reflexivo sobre el anhelo de conocer más a la persona del Espíritu Santo, surgió durante los días del fin de año, 2016.

La temporada de fin de año nos invita a reflexionar sobre los eventos ocurridos durante ese año. La víspera de la culminación de otro año nos lleva a pensar en algunos eventos que marcaron nuestras vidas durante el transcurso de ese año. Los medios de comunicación subrayan y presentan los eventos más relevantes que sucedieron en el año. También presentan a los personajes más importantes o destacados del año.

He desarrollado el hábito de que, en los días de final de año, dedico un tiempo especial a la oración y el ayuno, lectura de las Sagradas Escrituras, particularmente el Evangelio de San Lucas y el libro de los Hechos, también trato de leer un libro.

También uso la tradición de fin de año para buscar un tema bíblico que me sirva de guía para mi vida y ministerio para el nuevo año. Esa costumbre me ha ayudado a mantener un énfasis bíblico y aplicarlo para darle dirección a mi vida durante el nuevo año. Algo parecido a las prácticas de la tradición popular de establecer resoluciones para el nuevo año: "Año Nuevo, Vida Nueva".

Cuando estaba orando en la búsqueda de mi tema para el año 2017, sentí un fuerte impulso de que el énfasis para el año nuevo fuera buscar y conocer más de la presencia del Espíritu Santo en mi vida.

Este tema me llevó a buscar en mi concordancia electrónica las referencias bíblicas donde se menciona al Espíritu Santo. Las citas que encontré las usé para mis devociones personales, ya que mi énfasis para el año nuevo sería conocer más del Espíritu Santo.

A medida que hacía mis devocionales para conocer más del Espíritu Santo, también tuve la oportunidad de compartir algunos de los temas y pensamientos que encontré en el boletín electrónico mensual de los Ministerios Multiculturales.

Estoy disfrutando de conocer más de la dulce presencia de la persona del Espíritu Santo, y de su obra en mi vida. Esta experiencia ha sido muy enriquecedora en mi vida personal y ministerial.

Me da la impresión de que muchos líderes y creyentes sabemos y creemos acerca de las doctrinas básicas del Espíritu Santo, pero posiblemente no le hemos conocido como debiéramos. Es mi oración que los temas presentados en este devocional reflexivo con fuentes bíblicas, y las citas de personajes que han vivido bajo la guía y el caminar maravilloso con El Espíritu, sirvan a los lectores de inspiración y fundamento para anhelar y conocer más a la persona del Espíritu Santo en su vida para el servicio y la obra del ministerio. Anhelo conocer cada vez más, más y más al Espíritu Santo.

1
El Espíritu Santo

"En el principio creó Dios los cielos y la tierra. Y la tierra estaba desordenada y vacía, y las tinieblas estaban sobre la faz del abismo, y el Espíritu de Dios se movía sobre la faz de las aguas. Y dijo Dios: Sea la luz; y fue la luz" (Génesis 1:1–3).

DESDE EL PRINCIPIO, O DESDE LA ETERNIDAD, el Espíritu Santo está en movimiento y es co-creador con el Dios del Universo. La profesión de fe cristiana cree y declara la doctrina del Dios trino: Padre, Hijo y Espíritu Santo. "Creemos en el Espíritu Santo, la Tercera Persona de la Divina Trinidad, que está siempre presente y eficazmente activo en la iglesia de Cristo y juntamente con ella, convenciendo al mundo de pecado, regenerando a los que se arrepienten y creen, santificando a los creyentes y guiando a toda verdad la cual está en Jesucristo" (*Manual, Iglesia del Nazareno*, edición 2013-2017).

La profecía del Espíritu sobre toda carne: *"Vosotros también, hijos de Sion, alegraos y gozaos en Jehová vuestro Dios; porque os ha dado la primera lluvia a su tiempo, y hará descender sobre vosotros lluvia temprana y tardía como al principio. Las eras se llenarán de trigo, y los lagares rebosarán de vino y aceite... Y después de esto derramaré mi Espíritu sobre toda carne, y profetizarán vuestros hijos y vuestras hijas; vuestros ancianos soñarán sueños, y vuestros jóvenes verán visiones. Y también sobre los siervos y sobre las siervas derramaré mi Espíritu en aquellos días"* (Joel 2:23-24; 28-29).

En la era del Antiguo Testamento el Espíritu descendía únicamente sobre ciertas personas, llamadas a cumplir tareas específicas en la misión de Dios. A través del profeta Joel, Dios promete una nueva dispensación del Espíritu. En la nueva dispensación El Espíritu Santo vendrá sobre su pueblo sin distinción de sexo, edad, clase social, o posición de liderazgo.

El Espíritu Santo vendrá para traer gozo a su pueblo, lo cual el profeta ejemplifica como la lluvia necesaria para el cultivo de la tierra. Tal será la bendición del Espíritu Santo sobre su pueblo que serán como campo fértil que producirá una cosecha sobreabundante. La promesa es para todos los que han recibido a Jesús como su Señor.

"El Espíritu Santo es el agente de nuestra vida nueva o nuevo nacimiento. Por lo tanto, se le llama el "Espíritu de vida", que nos liberó del pecado de la muerte. El cristiano comienza su caminar con Dios por el Espíritu (traducción libre)", John A. Knight, *El Amor más Excelente* (1995).

"Entonces Pedro, poniéndose en pie con los once, alzó la voz y les habló diciendo: Varones judíos, y todos los que habitáis en Jerusalén, esto os sea notorio, y oíd mis palabras. Porque éstos no están ebrios, como vosotros suponéis, puesto que es la hora tercera del día. Mas esto es lo dicho por el profeta Joel" (Hechos 2:14-16).

2

Transformación por el Espíritu

"Entonces el Espíritu de Jehová vendrá sobre ti con poder, y profetizarás con ellos, y serás mudado en otro hombre. Y cuando te hayan sucedido estas señales, haz lo que te viniere a la mano, porque Dios está contigo. Luego bajarás delante de mí a Gilgal; entonces descenderé yo a ti para ofrecer holocaustos y sacrificar ofrendas de paz. Espera siete días, hasta que yo venga a ti y te enseñe lo que has de hacer. Aconteció luego, que al volver él la espalda para apartarse de Samuel, le mudó Dios su corazón; y todas estas señales acontecieron en aquel día. Y cuando llegaron allá al collado, he aquí la compañía de los profetas que venía a encontrarse con él; y el Espíritu de Dios vino sobre él con poder, y profetizó entre ellos" (1 Samuel 10:6–10).

EL ESPÍRITU DE DIOS DESCIENDE SOBRE LA PERSONA para transformarla, cambiar su corazón para el servicio en la misión de Dios. Cuando el Espíritu empodera a la persona, será notable en él o en ella.

La persona tendrá la certeza de que Dios le ha llamado para la obra del ministerio, por el testimonio del Espíritu en su vida. A través del Espíritu Santo, Dios lo dotará para obras extraordinarias en su vida (persona ordinaria para obras extraordinarias) por medio del Espíritu Santo.

"Por un buen tiempo había estado orando constantemente y clamando a Dios por algo que supliera mis necesidades, sin comprender claramente cuáles eran o cómo se podrían suplir... Al esperar y esperar en oración continua, mirando hacia el cielo, me pareció que como de la nada bajó algo como un meteoro, una bola indescriptible de luz condensada, que descendía rápidamente hacia mí. Noté que de pronto estaba muy cerca de mí y, al verla de frente, claramente me pareció oír una voz que decía: '¡Trágala, trágala!' y, en un instante, cayó sobre mis labios y rostro. Intenté obedecer el mandato. Sin embargo, me pareció que había tragado solo un poco de la luz, aunque sentí como fuego en mis labios, cuya sensación ardiente me duró por varios días. Aunque en sí mismo el incidente no tenía mayor significado, se apoderó de mí dentro de mi corazón y ser una condición de vida transformada, bendición, unción y gloria, como nunca antes había experimentado (traducción libre)" Phineas F. Bresee, *Phineas F. Bresee*, Carl Bangs (1995).

"Buscad, pues, hermanos, de entre vosotros a siete varones de buen testimonio, llenos del Espíritu Santo y de sabiduría, a quienes encarguemos de este trabajo" (Hechos 6:3).

3

Mensaje del Espíritu

"Estas son las palabras postreras de David. Dijo David hijo de Isaí, dijo aquel varón que fue levantado en alto, el ungido del Dios de Jacob, el dulce cantor de Israel: El Espíritu de Jehová ha hablado por mí, y su palabra ha estado en mi lengua" (2 Samuel 23:1–2).

DIOS HABLA A SUS SIERVOS Y A SU PUEBLO a través de su Espíritu. El Espíritu de Dios trae la palabra al corazón de sus mensajeros para que ellos la comuniquen. El Espíritu ilumina y da la unción a sus mensajeros para que proclamen la Palabra de Dios a su pueblo. El Espíritu Santo continúa hablando hoy a través de sus siervos.

"Hay varios requisitos previos para recibir la unción de Dios. Debe haber consagración a Dios, obediencia, dependencia total y oración. El ministerio ungido prevalece. La unción de Dios permite al Espíritu hacer que la verdad del mensaje llegue a los que lo escuchan", Wesley L. Duewel, *Ardiendo para Dios* (1995).

"Y ahora, Señor, mira sus amenazas, y concede a tus siervos que con todo denuedo hablen tu palabra, mientras extiendes tu mano para que se hagan sanidades y señales y prodigios mediante el nombre de

tu santo Hijo Jesús. Cuando hubieron orado, el lugar en que estaban congregados tembló; y todos fueron llenos del Espíritu Santo, y hablaban con denuedo la palabra de Dios" (Hechos 4:29–31).

4

El Espíritu Santo, Guía Interior

"Ciertamente espíritu hay en el hombre, y el soplo del Omnipotente le hace que entienda... el espíritu de Dios me hizo, y el soplo del Omnipotente me dio vida" (Job 32:8; 33:4).

EL ESPÍRITU SANTO VIENE PARA GUIAR e iluminar el entendimiento del ser humano. El Espíritu de Dios se comunica con nuestro espíritu para que podamos comprender sus designios. El Espíritu Santo es el compás que guía nuestro espíritu y nos hace sensibles a la voluntad de Dios para nuestras vidas.

"Espíritu eterno, escribe tu ley en nuestro interior, y que el segundo Adán forme su imagen en nuestros corazones" (traducción libre), Isaac Watts, *All Loves Excelling*, John A. Knight (1995).

"Antes bien, como está escrito: Cosas que ojo no vio, ni oído oyó, ni han subido en corazón de hombre, son las que Dios ha preparado para los que le aman. Pero Dios nos las reveló a nosotros por el Espíritu; porque el Espíritu todo lo escudriña, aun lo profundo de Dios" (1 Corintios 2:9–10).

5

El Espíritu Santo en Tiempo de Sequía

"Así dice Jehová, Hacedor tuyo, y el que te formó desde el vientre, el cual te ayudará: No temas, siervo mío Jacob, y tú, Jesurún, a quien yo escogí. Porque yo derramaré aguas sobre el sequedal, y ríos sobre la tierra árida; mi Espíritu derramaré sobre tu generación, y mi bendición sobre tus renuevos; y brotarán entre hierba, como sauces junto a las riberas de las aguas" (Isaías 44:2–4).

EL ESPÍRITU SANTO ES UNA PROMESA DE JEHOVÁ para su pueblo. En los tiempos de sequedad, el Espíritu viene sobre su pueblo como lluvia fresca para sus vidas. El Espíritu Santo es la bendición para la renovación de su pueblo. El renuevo de Dios siempre se presenta como el grupo fiel y disponible a obedecer a Dios, y con el grupo con el cual Dios puede trabajar para llevar adelante su misión.

El Espíritu Santo marca una gran diferencia en las personas que lo reciben. El profeta usa la metáfora de "fertilidad y de caudal de agua" que beneficia la producción del fruto de la tierra, para ejemplificar al Espíritu Santo cuando se derrama para la bendición sobre su pueblo.

"El poder espiritual es naturalmente consumido por tu ministerio. Mientras más ministres, más necesitas renovación de poder. Mientras más ocupado estés, más necesitas renovación de poder, más necesitas ser refrescado y reabastecido espiritualmente", *Ardiendo para Dios,* Wesley L. Duewel (1995).

"Y el Dios de esperanza os llene de todo gozo y paz en el creer, para que abundéis en esperanza por el poder del Espíritu Santo" (Romanos 15:13).

6

El Espíritu Santo, Unción Para Predicar

"El Espíritu de Jehová el Señor está sobre mí, porque me ungió Jehová; me ha enviado a predicar buenas nuevas a los abatidos, a vendar a los quebrantados de corazón, a publicar libertad a los cautivos, y a los presos apertura de la cárcel; a proclamar el año de la buena voluntad de Jehová, y el día de venganza del Dios nuestro; a consolar a todos los enlutados; a ordenar que a los afligidos de Sion se les dé gloria en lugar de ceniza, óleo de gozo en lugar de luto, manto de alegría en lugar del espíritu angustiado; y serán llamados árboles de justicia, plantío de Jehová, para gloria suya" (Isaías 61:1–3).

El Espíritu Santo desciende sobre la vida de sus siervos, a darles su poder para la predicación de las buenas noticias del reino de Dios. Los profetas como Isaías y otros fueron empoderados por el Espíritu, para la proclamación del mensaje de Dios a su pueblo. Jesús, en su ministerio inaugural de la proclamación del reino de Dios, usó esta profecía para confirmar su cumplimiento en él como el Mesías de la promesa.

Jesús prometió su Espíritu Santo a sus discípulos a fin de que fueran empoderados para la proclamación del evangelio: *"Pero recibiréis poder, cuando haya venido sobre vosotros el Espíritu Santo, y me seréis testigos en Jerusalén, en toda Judea, en Samaria, y hasta lo último de la tierra".*

"Necesitamos ser empapados con un nuevo derramamiento del Espíritu Santo sobre nosotros, que nos llene, que nos embeba hasta que podamos decir verdaderamente sobre nuestras vidas que 'no yo sino Cristo' y sobre nuestro ministerio 'no yo sino el Espíritu de Dios'", *Ardiendo para Dios,* Wesley L. Duewel (1995).

"Porque no osaría hablar sino de lo que Cristo ha hecho por medio de mí para la obediencia de los gentiles, con la palabra y con las obras, con potencia de señales y prodigios, en el poder del Espíritu de Dios; de manera que desde Jerusalén, y por los alrededores hasta Ilírico, todo lo he llenado del evangelio de Cristo" (Romanos 15:18–19).

7

El Espíritu en la Comisión Para Ministrar

"Me dijo: Hijo de hombre, ponte sobre tus pies, y hablaré contigo. Y luego que me habló, entró el Espíritu en mí y me afirmó sobre mis pies, y oí al que me hablaba. Y me dijo: Hijo de hombre, yo te envío a los hijos de Israel, a gentes rebeldes que se rebelaron contra mí; ellos y sus padres se han rebelado contra mí hasta este mismo día. Yo, pues, te envío a hijos de duro rostro y de empedernido corazón; y les dirás: Así ha dicho Jehová el Señor. Acaso ellos escuchen; pero si no escucharen, porque son una casa rebelde, siempre conocerán que hubo profeta entre ellos" (Ezequiel 2:1–5).

CUANDO DIOS LLAMA A SUS SIERVOS PARA QUE LLEVEN su mensaje a su pueblo los enviste con su Espíritu. El Espíritu afirma a la persona y la empodera para la proclamación de la Palabra de Dios. Dios garantiza a los que llama que tendrán su Espíritu para enfrentar los desafíos del ministerio.

Dios sabe que el ser humano, por naturaleza, se resiste a responder a su mensaje. Pero el Espíritu ayudará al profeta-ministro a cumplir con el propósito de Dios de comunicar su Palabra. El Espíritu Santo está para dar valor y convicción en la proclamación de la Palabra, independientemente de cómo las personas pueden responder al mensaje de Dios.

"Nuestra generación pierde rápidamente su sentido de lo sobrenatural y, por consecuencia, el pulpito cae rápidamente al nivel de la plataforma. Esta declinación se debe a que ignoramos que el Espíritu Santo es el supremo inspirador de la predicación", A.J Gordon, *Ardiendo para Dios,* Wesley L. Duewel (1995).

"Entonces Pedro, lleno del Espíritu Santo, les dijo: Gobernantes del pueblo, y ancianos de Israel: Puesto que hoy se nos interroga acerca del beneficio hecho a un hombre enfermo, de qué manera éste haya sido sanado, sea notorio a todos vosotros, y a todo el pueblo de Israel, que en el nombre de Jesucristo de Nazaret, a quien vosotros crucificasteis y a quien Dios resucitó de los muertos, por él este hombre está en vuestra presencia sano" (Hechos 4:8–10).

8

El Espíritu Crea un Corazón Nuevo

"Esparciré sobre vosotros agua limpia, y seréis limpiados de todas vuestras inmundicias; y de todos vuestros ídolos os limpiaré. Os daré corazón nuevo, y pondré espíritu nuevo dentro de vosotros; y quitaré de vuestra carne el corazón de piedra, y os daré un corazón de carne. Y pondré dentro de vosotros mi Espíritu, y haré que andéis en mis estatutos, y guardéis mis preceptos, y los pongáis por obra" (Ezequiel 36:25–27).

EL ESPÍRITU DE DIOS DESCIENDE PARA LIMPIAR y purificar a la persona de sus pecados. El Espíritu Santo crea un corazón nuevo que lo hará sensible a los mandamientos de Dios. El Espíritu Santo ayuda a caminar y vivir en las ordenanzas de la Palabra de Dios. Cuando Dios perdona a la persona de todos sus pecados, a través del sacrificio redentor de Jesucristo, el Espíritu santo viene a crearle un corazón nuevo de adoración y servicio ministerial.

"Alrededor de las 8:45 de la noche, mientras se describía el cambio que Dios obra en el corazón por medio de la fe en Cristo, sentí un calor extraño en mi corazón. Sentí que confiaba en Cristo, y solo en Cristo, para la salvación" (Juan Wesley).

"Mas la hora viene, y ahora es, cuando los verdaderos adoradores adorarán al Padre en espíritu y en verdad; porque también el Padre tales adoradores busca que le adoren. Dios es Espíritu; y los que le adoran, en espíritu y en verdad es necesario que adoren" (Juan 4:23–24).

9

No con fuerza, Sino con el Espíritu

"Entonces respondió y me habló diciendo: Esta es palabra de Jehová a Zorobabel, que dice: No con ejército, ni con fuerza, sino con mi Espíritu, ha dicho Jehová de los ejércitos" (Zacarías 4:6).

DIOS LE ASEGURA AL PROFETA QUE, cuando se tiene el Espíritu, no se necesita depender de las estructuras o fuerzas humanas, para lograr los planes de Dios en el cumplimiento de su misión. El Espíritu es más que suficiente para ayudar a sus siervos y a su pueblo para la obra que se les ha encomendado.

Las fuerzas humanas y aun las capacidades y talentos personales producen resultados, pero limitados, en comparación con lo que El Espíritu Santo puede y quiere hacer en la vida de sus siervos.

"James Harvey, uno de los colegas de ministerio de Juan Wesley, usa esta ilustración para narrar la diferencia que hizo el Espíritu Santo en el ministerio de Wesley: 'Aunque su prédica había sido como el disparo de una flecha, dependiendo de toda la fuerza y velocidad de su brazo para tensar el arco, ahora era como disparar una bala de rifle en la que toda la fuerza dependía del poder que sólo necesitaba un dedo para desencadenarlo'" (*Ardiendo para Dios*, Wesley L. Duewel).

"Pero recibiréis poder, cuando haya venido sobre vosotros el Espíritu Santo, y me seréis testigos en Jerusalén, en toda Judea, en Samaria, y hasta lo último de la tierra" (Hechos 1:8).

10

Jesús, Lleno del Espíritu Santo

"Y Jesús volvió en el poder del Espíritu a Galilea, y se difundió su fama por toda la tierra de alrededor. Y enseñaba en las sinagogas de ellos, y era glorificado por todos. Vino a Nazaret, donde se había criado; y en el día de reposo entró en la sinagoga, conforme a su costumbre, y se levantó a leer. Y se le dio el libro del profeta Isaías; y habiendo abierto el libro, halló el lugar donde estaba escrito: El Espíritu del Señor está sobre mí, por cuanto me ha ungido para dar buenas nuevas a los pobres; me ha enviado a sanar a los quebrantados de corazón; a pregonar libertad a los cautivos, y vista a los ciegos; a poner en libertad a los oprimidos; a predicar el año agradable del Señor" (Lucas 14:14-19).

Jesús tenía la convicción de que el Espíritu Santo estaba en su vida, que poseía el poder sobrenatural del Espíritu para cumplir la misión del reino, encomendada por su Padre. La unción de la presencia de Dios a través del Espíritu Santo, era tangible en el ministerio de Jesús en la predicación de las buenas nuevas del reino, con la autoridad que viene a través del poder del Espíritu Santo.

El Espíritu Santo es el agente divino que empoderó a la humanidad de Jesús para realizar las obras sobrenaturales y hacer milagros: alimentar a las multitudes, liberar a los oprimidos por fuerzas malignas y sanar a los enfermos.

"Jesús, confirma el deseo de mi corazón para obrar, hablar y pensar por ti; pero déjame abrigar el fuego sagrado y seguir inflamando tu don en mí" (traducción libre), Charles Wesley, *Ardiendo para Dios*, Wesley L. Duewel (1995).

"Aconteció que cuando todo el pueblo se bautizaba, también Jesús fue bautizado; y orando, el cielo se abrió, y descendió el Espíritu Santo sobre él en forma corporal, como paloma, y vino una voz del cielo que decía: Tú eres mi Hijo amado; en ti tengo complacencia" (Lucas 3:21–22).

11

Ríos de Agua Viva en el Espíritu

"En el último y gran día de la fiesta, Jesús se puso en pie y alzó la voz, diciendo: Si alguno tiene sed, venga a mí y beba. El que cree en mí, como dice la Escritura, de su interior correrán ríos de agua viva. Esto dijo del Espíritu que habían de recibir los que creyesen en él; pues aún no había venido el Espíritu Santo, porque Jesús no había sido aún glorificado" (Juan 7:37–39).

EL ESPÍRITU SANTO ES LA PROMESA DE JESUCRISTO para todos los creyentes. Jesús prometió a sus discípulos enviar a su Espíritu sobre ellos. Jesús usa la figura del Espíritu como un río de agua viva refrescante para los que creen en él. El Espíritu Santo en la vida del creyente le mantendrá con una frescura de vida en su caminar con el Señor.

No obstante, en el caminar de la vida, la persona puede irse secando y perder la fluidez de la corriente de agua que da el Espíritu. En Efesios 5:18b dice: *"Antes bien sed llenos del Espíritu"*. La buena noticia es que el Espíritu está disponible para llenar al creyente, a fin de que esta promesa siempre sea una realidad en su vida, que de su interior brote el manantial de la frescura del río del Espíritu Santo.

"La condición humana para recibir el Espíritu Santo es la consagración, la ofrenda de nuestros cuerpos como 'sacrificios vivos'. La parte divina es el bautismo con el Espíritu Santo, quien toma el trono vacante y pasa a ser el Señor de nuestras vidas" (traducción libre), *El Espíritu en la iglesia,* J. Lyal Calhoun (1993).

"Y el que guarda sus mandamientos, permanece en Dios, y Dios en él. Y en esto sabemos que él permanece en nosotros, por el Espíritu que nos ha dado" (1 Juan 3:24).

12

El Espíritu Consolador

"Si me amáis, guardad mis mandamientos. Y yo rogaré al Padre, y os dará otro Consolador, para que esté con vosotros para siempre: el Espíritu de verdad, al cual el mundo no puede recibir, porque no le ve, ni le conoce; pero vosotros le conocéis, porque mora con vosotros, y estará en vosotros" (Juan 14:15–17).

AL PREPARAR JESÚS A SUS DISCÍPULOS PARA SU PARTIDA, les garantiza que vendrá el Espíritu Santo a sus vidas. El Espíritu Santo estará con los creyentes para consolarlos en medio de las vicisitudes de la vida. En los tiempos de sufrimiento, dolor, aflicciones y de todas aquellas experiencias difíciles y duras de la vida, el Espíritu Santo estará para ayudarnos a enfrentar y sobrellevar las penalidades que nos agobian.

"La experiencia demuestra que si hemos de buscar algo tenemos que saber qué es, y debemos estar convencidos de su importancia. Por lo tanto, si hemos de ver la plenitud del Espíritu en nuestras vidas, debemos entender cuán importante es ella para Dios, el Dador" Hayford, J. W., *Gente del Espíritu* (1995).

"El Espíritu mismo da testimonio a nuestro espíritu, de que somos hijos de Dios" (Romanos 8:15).

13

El Espíritu Santo Como Maestro

"Os he dicho estas cosas estando con vosotros. Mas el Consolador, el Espíritu Santo, a quien el Padre enviará en mi nombre, él os enseñará todas las cosas, y os recordará todo lo que yo os he dicho" (Juan 14:26).

EL ESPÍRITU SANTO ES EL FIEL MAESTRO de los creyentes. El Espíritu nos enseña y nos recuerda las promesas de Dios para nuestras vidas. Enseñarnos los planes de Dios para nuestras vidas es una de las tantas funciones del Espíritu.

El Espíritu Santo es el guía del creyente, es como un mapa, brújula, o el GPS que nos dirige en el caminar diario con Dios. Si somos sensibles y escuchamos la dirección del Espíritu Santo, él nos ayudará para tomar las decisiones más importantes en nuestras vidas, de acuerdo con los designios de Dios.

"Por su Espíritu límpianos para que podamos ser llenos de tu amor, estar totalmente llenos de ti, estar totalmente iluminados por ti" (traducción libre), Edward Bouver Pusey, *Oraciones: Antigüedad y Moderna* (1800-1882).

"Aún tengo muchas cosas que deciros, pero ahora no las podéis sobrellevar. Pero cuando venga el Espíritu

de verdad, él os guiará a toda la verdad; porque no hablará por su propia cuenta, sino que hablará todo lo que oyere, y os hará saber las cosas que habrán de venir. Él me glorificará; porque tomará de lo mío, y os lo hará saber" (Juan 16:12-14).

14

La Obra del Espíritu Santo

"Pero yo os digo la verdad: Os conviene que yo me vaya; porque si no me fuera, el Consolador no vendría a vosotros; mas si me fuere, os lo enviaré. Y cuando él venga, convencerá al mundo de pecado, de justicia y de juicio. De pecado, por cuanto no creen en mí; de justicia, por cuanto voy al Padre, y no me veréis más; y de juicio, por cuanto el príncipe de este mundo ha sido ya juzgado" (Juan 16:7–11).

JESÚS AFIRMA A SUS DISCÍPULOS QUE EL ESPÍRITU SANTO vendrá para estar presente con ellos. El Espíritu Santo sería el fiel acompañante de los discípulos en su ministerio.

También estaría obrando en el mundo para convencer a las personas de que son pecadores, de que necesitan a un Salvador que es Jesucristo. El Espíritu Santo viene a las personas para darles a conocer lo que es la justicia y el juicio de Dios.

"Fui poderosamente convertido en la mañana del 10 de octubre de 1821. En la tarde de ese mismo día recibí irresistiblemente el bautismo del Espíritu Santo, que pasó por mí, según me pareció, por cuerpo y alma. Me encontré de inmediato dotado con tanto poder de lo alto, que unas pocas palabras dichas aquí y acullá a distintas personas fueron los medios para la inmediata conversión de las mismas", Charles G. Finney, *Ardiendo Para Dios*, Wesley L. Duewel (1995).

"Porque los que son de la carne piensan en las cosas de la carne; pero los que son del Espíritu, en las cosas del Espíritu. Porque el ocuparse de la carne es muerte, pero el ocuparse del Espíritu es vida y paz" (Romanos 8:5–6).

15

Caminemos Conforme al Espíritu

"Ahora, pues, ninguna condenación hay para los que están en Cristo Jesús, los que no andan conforme a la carne, sino conforme al Espíritu. Porque la ley del Espíritu de vida en Cristo Jesús me ha librado de la ley del pecado y de la muerte. Porque lo que era imposible para la ley, por cuanto era débil por la carne, Dios, enviando a su Hijo en semejanza de carne de pecado y a causa del pecado, condenó al pecado en la carne; para que la justicia de la ley se cumpliese en nosotros, que no andamos conforme a la carne, sino conforme al Espíritu" (Romanos 8:1-4).

EL ESPÍRITU AYUDA Y GUÍA A LAS PERSONAS que están en Cristo a caminar de acuerdo con el Espíritu de Dios. El Espíritu Santo nos ayuda a no continuar en una vida de pecado. El Espíritu hace posible que quien está en Cristo se aleje de la vida pecaminosa en la cual antes vivía.

El Espíritu Santo pone nuevos pensamientos en los creyentes para pensar en las cosas de Dios y no en las del mundo. El Espíritu ayuda al creyente a comprender lo que agrada a Dios.

"El procedimiento requerido para convertir un corazón impuro en un corazón ardiente, similar solo a un continuo fuego de refinación para purificar nuestros motivos y nuestro carácter, haciéndonos hermosos y valiosos tesoros, útiles para el propósito de Dios. El fuego está disponible para nosotros a través de la constante vida en el Espíritu Santo" (traducción libre), Becky Tirabassi, *Contrato del Corazón Ardiente* (2005).

"Digo, pues: Andad en el Espíritu, y no satisfagáis los deseos de la carne. Porque el deseo de la carne es contra el Espíritu, y el del Espíritu es contra la carne; y éstos se oponen entre sí, para que no hagáis lo que quisiereis. Pero si sois guiados por el Espíritu, no estáis bajo la ley" (Gálatas 5.16-18).

16

El Poder del Espíritu Santo

"Pero recibiréis poder, cuando haya venido sobre vosotros el Espíritu Santo, y me seréis testigos en Jerusalén, en toda Judea, en Samaria, y hasta lo último de la tierra. [9]Y habiendo dicho estas cosas, viéndolo ellos, fue alzado, y le recibió una nube que le ocultó de sus ojos" (Hechos 1:8).

EL ESPÍRITU SANTO VIENE A LA VIDA DE LOS CREYENTES a darles de su poder para cumplir la misión de Dios. El Espíritu Santo es la fuente indispensable para la efectividad y fructificación del ministerio.

El Espíritu Santo da el poder para la proclamación del reino de Dios. El Espíritu Santo empodera al creyente para dar testimonio de Jesucristo y del poder de la resurrección.

"Duncan Campbell enfrentó enconada oposición cuando empezó el ministerio en una de las islas escoceses, por cuyas sendas iba en la noche pidiendo la ayuda de Dios mientras oraba. En la tarde siguiente el poder de Dios descendió sobre las reuniones. La gente fue tan impresionada con la convicción del Espíritu Santo que gemían implorando misericordia", Wesley L. Duewel, *Ardiendo Para Dios*, (1995).

"Y serán avergonzados los profetas, y se confundirán los adivinos; y ellos todos cerrarán sus labios, porque no hay respuesta de Dios. Mas yo estoy lleno de poder del Espíritu de Jehová, y de juicio y de fuerza, para denunciar a Jacob su rebelión, y a Israel su pecado" (Miqueas 3:7-8).

17

El Espíritu Santo Intercesor

"Y de igual manera el Espíritu nos ayuda en nuestra debilidad; pues qué hemos de pedir como conviene, no lo sabemos, pero el Espíritu mismo intercede por nosotros con gemidos indecibles. Mas el que escudriña los corazones sabe cuál es la intención del Espíritu, porque conforme a la voluntad de Dios intercede por los santos" (Romanos 8:26–27).

EL ESPÍRITU SANTO MORA EN NOSOTROS y nos fortalece en los momentos de debilidades emocionales y espirituales. El Espíritu Santo nos guía a comunicarnos con el Padre y nos da un sentido de cómo debemos orar ante él. Aun cuando no sabemos por lo que debemos orar y no podemos expresar nuestros sentimientos o deseos del corazón, el Espíritu Santo nos ayuda.

El Espíritu conoce lo más profundo de nuestros corazones. También nos trae a la memoria a las personas por las cuales debemos interceder, pone un fuerte sentir de interceder por ellos.

"Cuando oramos en el Espíritu, oramos primeramente por otros. Cuando buscamos primero el reino de Dios, él se encarga de todas nuestras necesidades personales (Mateo 6:33)", Wesley L. Duewel, *Ardiendo Para Dios* (1989).

"Pero vosotros, amados, edificándoos sobre vuestra santísima fe, orando en el Espíritu Santo" (Judas 20).

18

El Espíritu Santo, Esperanza, Gozo y Paz

"Y el Dios de esperanza os llene de todo gozo y paz en el creer, para que abundéis en esperanza por el poder del Espíritu Santo" (Romanos 15:13).

EL ESPÍRITU SANTO EN LA VIDA DEL CREYENTE nos da un estado de gozo y paz. El Espíritu deposita su fruto para que podamos experimentar la paz y el gozo de un corazón lleno del Espíritu.

En medio de las tristezas, tragedias y aflicciones de la vida se puede tener la paz y el gozo que solo el Espíritu Santo puede dar.

"El núcleo de un fruto es su centro vital. Lleva los genes de su naturaleza, determina su carácter básico y proporciona su energía para reproducirse. En el fruto del Espíritu, el amor es el centro vital, el manantial de la gracia de la vida santificada. Todas las demás características del fruto del Espíritu brotan de esta fuente vital" (traducción libre), J. Lyal Calhoun, *El Espíritu Santo en la iglesia* (1993).

"Más el fruto del Espíritu es amor, gozo, paz, paciencia, benignidad, bondad, fe, mansedumbre, templanza; contra tales cosas no hay ley" (Gálatas 5:22–23).

43

19

Revelación por el Espíritu

"Antes bien, como está escrito: Cosas que ojo no vio, ni oído oyó, ni han subido en corazón de hombre, son las que Dios ha preparado para los que le aman. Pero Dios nos las reveló a nosotros por el Espíritu; porque el Espíritu todo lo escudriña, aun lo profundo de Dios. Porque ¿quién de los hombres sabe las cosas del hombre, sino el espíritu del hombre que está en él? Así tampoco nadie conoció las cosas de Dios, sino el Espíritu de Dios. Y nosotros no hemos recibido el espíritu del mundo, sino el Espíritu que proviene de Dios, para que sepamos lo que Dios nos ha concedido, lo cual también hablamos, no con palabras enseñadas por sabiduría humana, sino con las que enseña el Espíritu, acomodando lo espiritual a lo espiritual. Pero el hombre natural no percibe las cosas que son del Espíritu de Dios, porque para él son locura, y no las puede entender, porque se han de discernir espiritualmente" (1 Corintios 2:9–14).

EL ESPÍRITU SANTO REVELA LAS COSAS que Dios tiene para los que le aman. Las cosas espirituales se entienden solo a través del Espíritu. El Espíritu enseña a los hijos de Dios algunos de los misterios del mundo espiritual, como la salvación en Jesucristo, la fe en Dios, la esperanza después de la muerte, las incomparables promesas de Dios.

Los misterios de Dios son revelados a sus hijos y solo se pueden entender a través de una relación íntima con el Espíritu Santo. A través de su Espíritu Dios nos da a conocer todo lo necesario en el ámbito espiritual en nuestro caminar terrenal.

"A través del Espíritu Santo adquirirá mayor conocimiento [en la Palabra de Dios] y comprensión del Señor, de su reino y de su posición en el mismo, todo lo cual es esencial. Pero usted necesita algo más. Requiere depender del Espíritu Santo para orientar su estudio y aplicar las verdades bíblicas a su vida. Jesús prometió que el Espíritu Santo nos enseñaría «todas las cosas» (Juan 14:26; cf. 1 Corintios 2:13)", Hayford, J. W. *Pueblo del Espíritu* (1995).

"Para que el Dios de nuestro Señor Jesucristo, el Padre de gloria, os dé espíritu de sabiduría y de revelación en el conocimiento de él, alumbrando los ojos de vuestro entendimiento, para que sepáis cuál es la esperanza a que él os ha llamado, y cuáles las riquezas de la gloria de su herencia en los santos, y cuál la supereminente grandeza de su poder para con nosotros los que creemos, según la operación del poder de su fuerza, la cual operó en Cristo, resucitándole de los muertos y sentándole a su diestra en los lugares celestiales, sobre todo principado y autoridad y poder y señorío, y sobre todo nombre que se nombra, no sólo en este siglo, sino también en el venidero; y sometió todas las cosas bajo sus pies, y lo dio por cabeza sobre todas las cosas a la iglesia, la cual es su cuerpo, la plenitud de Aquel que todo lo llena en todo" (Efesios 1:17–23).

20

Templo del Espíritu Santo

"¿No sabéis que sois templo de Dios, y que el Espíritu de Dios mora en vosotros? Si alguno destruyere el templo de Dios, Dios le destruirá a él; porque el templo de Dios, el cual sois vosotros, santo es" (1 Corintios 3:16–17).

CUANDO LA PERSONA RECIBE A JESUCRISTO como su Salvador y Señor de su vida, viene el Espíritu Santo a morar en ella. El Espíritu Santo viene para iniciar una limpieza de la vida pecaminosa del pasado, para darle conciencia clara de lo que es el pecado.

El Espíritu Santo al morar en la vida del nuevo creyente le ayudara para resistir y no caer en las tentaciones del pecado en que antes vivía. Ahora posee una nueva naturaleza en la persona que le conduce a una relación íntima con el Dios santo. El Espíritu Santo viene a residir y a tomar posesión de la vida que ahora le pertenece.

"Cuando el Espíritu Santo nos llena imparte pureza y poder. La persona que dedica todo su ser como sacrificio vivo absolutamente rendido" Andrew Murray, *Ardiendo Para Dios*, Wesley L. Duewel (1995).

"¿O ignoráis que vuestro cuerpo es templo del Espíritu Santo, el cual está en vosotros, el cual tenéis de Dios, y que no sois vuestros? [20]Porque habéis sido comprados por precio; glorificad, pues, a Dios en vuestro cuerpo y en vuestro espíritu, los cuales son de Dios" (1 Corintios 6.19–20).

21

Dones del Espíritu

"No quiero, hermanos, que ignoréis acerca de los dones espirituales... Porque por un solo Espíritu fuimos todos bautizados en un cuerpo, sean judíos o griegos, sean esclavos o libres; y a todos se nos dio a beber de un mismo Espíritu" (1 Corintios 12:1, 13).

EL ESPÍRITU ES EL DADOR DE LOS DONES a los creyentes y lo hace sin acepción de personas. Reparte estos regalos en la vida del creyente para operar a través de ellos. El Espíritu Santo actúa en ciertas personas y se manifiesta para que Dios sea glorificado a través de lo sobrenatural, como los milagros de sanidad a través del don de sanidad.

Los dones del Espíritu son necesarios en el cuerpo de Jesucristo, para el funcionamiento de la iglesia en el establecimiento del reino de Dios. La iglesia debe estar consciente de que estos dones existen, de que es el Espíritu Santo quien los da para la operación armónica de su iglesia.

"Los dones del Espíritu... pueden ser concedidos repentinamente en cualquier etapa de la experiencia del creyente", Donaldo Gee *Pentecostés* (1979).

"De manera que, teniendo diferentes dones, según la gracia que nos es dada, si el de profecía, úsese conforme a la medida de la fe; o si de servicio, en servir; o el que enseña, en la enseñanza; el que exhorta, en la exhortación; el que reparte, con liberalidad; el que preside, con solicitud; el que hace misericordia, con alegría" (Romanos 12:6–8).

22

Las Arras del Espíritu

"Porque todas las promesas de Dios son en él Sí, y en él Amén, por medio de nosotros, para la gloria de Dios. Y el que nos confirma con vosotros en Cristo, y el que nos ungió, es Dios, el cual también nos ha sellado, y nos ha dado las arras del Espíritu en nuestros corazones" (2 Corintios 1:20–22).

CUANDO LA PERSONA ABRE SU CORAZÓN para aceptar la gracia y el perdón de Dios a través del sacrificio de Jesucristo, el Espíritu Santo viene para sellar esa decisión voluntaria que la persona ha hecho.

El acto divino de redención y la libre voluntad del ser humano se fusionan en el acto redentor de Dios. Las arras representan un pacto entre Dios y las personas, dándoles el estatus y el derecho legal de ser hijos de Dios.

"El Espíritu es el Autor exclusivo de todo lo que se obra en el creyente en términos de convicción, arrepentimiento, fe, gozo, santidad, etc.", Octavius Winslow, *El enfriamiento espiritual* (2013).

"Y mediante la cruz reconciliar con Dios a ambos en un solo cuerpo, matando en ella las enemistades. Y

vino y anunció las buenas nuevas de paz a vosotros que estabais lejos, y a los que estaban cerca; porque por medio de él los unos y los otros tenemos entrada por un mismo Espíritu al Padre. Así que ya no sois extranjeros ni advenedizos, sino conciudadanos de los santos, y miembros de la familia de Dios" (Efesios 2:16–19).

23

El Espíritu Vivificador

"El cual asimismo nos hizo ministros competentes de un nuevo pacto, no de la letra, sino del espíritu; porque la letra mata, mas el espíritu vivifica" (2 Corintios 3:6).

EL EVANGELIO DE JESUCRISTO NO SE BASA EN CONCEPTOS y preceptos de instituciones o reglamentos humanos, sino en el poder transformador del Espíritu Santo.

Los siervos del nuevo pacto son llamados para ministrar en el poder del Espíritu. Los ministros de las buenas nuevas del reino no dependen de la sabiduría o capacidades humanas, sino del poder de Dios a través de su Espíritu.

"Este acceso de poder [Espíritu Santo] cristiano no es algo que sobreviene de una sola vez por todas, sino que puede repetirse y repetirse y repetirse muchas, muchas veces", Martyn Lloyd-Jones, *Ardiendo Para Dios*, Wesley L Duewel(1995).

"Por esta causa doblo mis rodillas ante el Padre de nuestro Señor Jesucristo, de quien toma nombre toda familia en los cielos y en la tierra, para que os dé, conforme a las riquezas de su gloria, el ser fortalecidos con poder en el hombre interior por su Espíritu...

Y a Aquel que es poderoso para hacer todas las cosas mucho más abundantemente de lo que pedimos o entendemos, según el poder que actúa en nosotros, a él sea gloria en la iglesia en Cristo Jesús por todas las edades, por los siglos de los siglos. Amén" (Efesios 3:14–16; 20-21).

24

Andar en el Espíritu

"Digo, pues: Andad en el Espíritu, y no satisfagáis los deseos de la carne. Porque el deseo de la carne es contra el Espíritu, y el del Espíritu es contra la carne; y éstos se oponen entre sí, para que no hagáis lo que quisiereis. Pero si sois guiados por el Espíritu, no estáis bajo la ley" (Gálatas 5:16-18).

LA VIDA DEL CREYENTE DEBE SER MANIFIESTA en su diario vivir a través de la obra del Espíritu Santo. El Espíritu viene a los hijos de Dios para que sus vidas reflejen la nueva naturaleza del Espíritu. El Espíritu vine al corazón y se hace visible en sus vidas en su diario caminar.

Caminar en la dimensión de la guianza del Espíritu es para una vida victoriosa contra los placeres que ofrece el pecado. El Espíritu nos ayuda a vivir en el llamado que hace Dios a sus hijos a una vida de santidad: *"Sed santos porque yo soy santo"*. El Espíritu Santo pone la convicción y da el poder para la vida de santidad apartada del pecado. La vida guiada por el Espíritu Santo puede vencer los deseos y las tentaciones del pecado.

"La cura para la muerte espiritual es la creación de vida espiritual en nuestras almas por Dios el Espíritu Santo", R. C. Sproul, *Escogidos por Dios* (2002).

"Pues no nos ha llamado Dios a inmundicia, sino a santificación. Así que, el que desecha esto, no desecha a hombre, sino a Dios, que también nos dio su Espíritu Santo" (1 Tesalonicenses 4.7–8).

25

No Contristar al Espíritu

"Y no contristéis al Espíritu Santo de Dios, con el cual fuisteis sellados para el día de la redención" (Efesios 4:30).

CUANDO LA PERSONA RECIBE A JESUCRISTO como el Señor de su vida, pasa a ser su propiedad comprada con precio de sangre a través del sacrificio en la cruz del Calvario. Esa transacción es sellada con el Espíritu Santo, quien toma posesión en la vida de la persona que ahora le pertenece a Dios. Se nos advierte y aconseja a no contristar al Espíritu con acciones pecaminosas del pasado.

La rebeldía de la persona contrista el Espíritu Santo. El Espíritu no tolera el pecado, no puede cohabitar en un corazón que desobedece los mandamientos y enseñanzas de Dios en su Palabra. La vida de pecado aleja la comunión del Espíritu por las acciones de desobediencia a la ley conocida de Dios.

"El gran peligro al que nos enfrentamos no es sobrevalorar la obra del Espíritu, sino infravalorarla; no tener un concepto demasiado elevado de él, sino demasiado pobre: y es imposible imaginar ninguna otra cosa que propenda a herir y entristecer al Espíritu Santo y ahuyentar su presencia sensible, como lo hace un enfriamiento conocido y consentido de su obra. El profundo aborrecimiento de Dios hacia el pecado y la santa susceptibilidad del Espíritu Santo ante cualquier negligencia, infravaloración o enfriamiento de su misericordiosa obra y su influencia en el alma", Octavius Winslow, *El Enfriamiento Espiritual* (2013).

"En cuanto a la pasada manera de vivir, despojaos del viejo hombre, que está viciado conforme a los deseos engañosos, y renovaos en el espíritu de vuestra mente, y vestíos del nuevo hombre, creado según Dios en la justicia y santidad de la verdad. Por lo cual, desechando la mentira, hablad verdad cada uno con su prójimo; porque somos miembros los unos de los otros. Airaos, pero no pequéis; no se ponga el sol sobre vuestro enojo, ni deis lugar al diablo. El que hurtaba, no hurte más, sino trabaje, haciendo con sus manos lo que es bueno, para que tenga qué compartir con el que padece necesidad. Ninguna palabra corrompida salga de vuestra boca, sino la que sea buena para la necesaria edificación, a fin de dar gracia a los oyentes" (Efesios 4.22–29).

26

Santificación por el Espíritu

"Pero nosotros debemos dar siempre gracias a Dios respecto a vosotros, hermanos amados por el Señor, de que Dios os haya escogido desde el principio para salvación, mediante la santificación por el Espíritu y la fe en la verdad, a lo cual os llamó mediante nuestro evangelio, para alcanzar la gloria de nuestro Señor Jesucristo. Así que, hermanos, estad firmes, y retened la doctrina que habéis aprendido, sea por palabra, o por carta nuestra" (2 Tesalonicenses 2:13-15).

EL ESPÍRITU SANTO SANTIFICA INICIALMENTE AL CRE-YENTE en el acto de la salvación. El Espíritu Santo santifica el corazón de la persona cuando recibe el perdón de sus pecados, purificando su corazón para una nueva naturaleza.

El Espíritu habita en la persona y le da testimonio de que ha sido perdonada de sus pecados. Ahora su vida está separada para caminar y vivir en santidad.

"La palabra que indica la separación de Israel como pueblo es elección. La elección fue el acto de Dios de llamar a Israel para ser su propio pueblo. En este acto de elección, Israel fue apartado de las naciones y fue dedicado para la posesión exclusiva y uso de

Dios", Samuel M. Powell, *Santidad, su Relevancia en el día de hoy,* (2010).

"Pedro, apóstol de Jesucristo, a los expatriados de la dispersión en el Ponto, Galacia, Capadocia, Asia y Bitinia, elegidos según la presciencia de Dios Padre en santificación del Espíritu, para obedecer y ser rociados con la sangre de Jesucristo: Gracia y paz os sean multiplicadas" (1 Pedro 1:1–2).

27

Guarda el Buen Depósito del Espíritu

"Retén la forma de las sanas palabras que de mí oíste, en la fe y amor que es en Cristo Jesús. Guarda el buen depósito por el Espíritu Santo que mora en nosotros" (2 Timoteo 1:13–14).

EL ESPÍRITU SANTO PRODUCE FE EN EL CREYENTE y derrama en su vida el amor de Dios. *"Porque el amor de Dios ha sido derramado en nuestros corazones por el Espíritu Santo que nos fue dado"* (Romanos 5:5). El Espíritu Santo ayuda al creyente a amar, aun cuando es difícil o imposible amar a las personas que le han hecho daño.

El Espíritu Santo nos ayudará a ser responsables en guardar todo lo que Dios nos ha dado a nuestras vidas, para ser fieles con la gracia de la salvación y usar bien los dones del Espíritu.

"El Espíritu Santo, que escudriña lo profundo de Dios, reveló el plan de salvación a los apóstoles para que estos lo comunicaran a otros. De la misma manera que el Espíritu no guardó para sí el resultado de su investigación, los apóstoles tampoco apropiaron la revelación para ellos mismos, sino que la impartieron a otros. La verdad es para ser compartida; los apóstoles comprendieron que eran administradores de la revelación de Dios. No la comunicaron apelando a la sabiduría humana, sino con las palabras que enseña el Espíritu", John Stott, *Así leo la Biblia: Cómo se forman maestros de la Palabra,* (1999).

"¿Cómo escaparemos nosotros, si descuidamos una salvación tan grande? La cual, habiendo sido anunciada primeramente por el Señor, nos fue confirmada por los que oyeron, testificando Dios juntamente con ellos, con señales y prodigios y diversos milagros y repartimientos del Espíritu Santo según su voluntad" (Hebreos 2:3-4).

28

Discernimiento a Través del Espíritu Santo

"Amados, no creáis a todo espíritu, sino probad los espíritus si son de Dios; porque muchos falsos profetas han salido por el mundo. En esto conoced el Espíritu de Dios: Todo espíritu que confiesa que Jesucristo ha venido en carne, es de Dios" (1 Juan 4:1–2).

EL ESPÍRITU ESTÁ EN EL CREYENTE, PARA AYUDARNOS a discernir los espíritus de enseñanzas erróneas que proliferan para engañar a las personas y apartarlas de la verdad. Jesucristo prometió el Espíritu Santo para que enseñara y guiara a la iglesia a la verdad de la fe. *"Aún tengo muchas cosas que deciros, pero ahora no las podéis sobrellevar. Pero cuando venga el Espíritu de verdad, él os guiará a toda la verdad; porque no hablará por su propia cuenta, sino que hablará todo lo que oyere, y os hará saber las cosas que habrán de venir"* (Juan 16:12–13).

" Desde el inicio de la formación de la iglesia han surgido falsas doctrinas. El Espíritu Santo está en los creyentes y en la iglesia para probar si las enseñanzas que se dan están acorde a la Palabra de Dios. En estos días de mercado del pluralismo religioso, hay muchas enseñanzas *cuasi*-verdades de acuerdo con los intereses y criterios de sus exponentes. Es ahí donde el Espíritu nos ayuda para discernir cuáles son las sanas doctrinas de la Biblia.

"(a) Notad la atmósfera en que habla el Espíritu Santo. Es la única atmosfera donde él puede guiarnos.

"(b) Otro principio importante en la historia [de la iglesia] es que cuando el Espíritu Santo habló en esa asamblea, la voz del Espíritu fue oída y entendida colectivamente, fue acatada y obedecida de igual forma", Donaldo Gee, *Pentecostés* (1979).

"Pero vosotros tenéis la unción del Santo, y conocéis todas las cosas. No os he escrito como si ignoraseis la verdad, sino porque la conocéis, y porque ninguna mentira procede de la verdad" (1 Juan 2:20–21).

29

El Espíritu Santo, Autor de la Biblia

"Tenemos también la palabra profética más segura, a la cual hacéis bien en estar atentos como a una antorcha que alumbra en lugar oscuro, hasta que el día esclarezca y el lucero de la mañana salga en vuestros corazones; entendiendo primero esto, que ninguna profecía de la Escritura es de interpretación privada, porque nunca la profecía fue traída por voluntad humana, sino que los santos hombres de Dios hablaron siendo inspirados por el Espíritu Santo" (2 Pedro 1:19–21).

DIOS A TRAVÉS DEL ESPÍRITU SANTO HA INSPIRADO a sus siervos a escribir los libros sagrados lo que llamamos "La Palabra de Dios". El mismo Espíritu que inspiró a los escritores de la Biblia, es el mismo Espíritu que inspira a los hijos de Dios para la interpretación de su Palabra.

El Espíritu Santo ha sido el centinela de guardar la Palabra de Dios a través de los tiempos. El Espíritu Santo habla a su iglesia a través de Jesucristo, la Palabra escrita y la predicación.

"Las tres personas de la trinidad intervinieron en la composición de las Escrituras. La Palabra vino de Dios, se centró en Cristo y fue inspirada por el Espíritu Santo. Podemos definir a la Biblia como el testimonio del Padre sobre el Hijo, dado a través del Espíritu", John Stott, *Así leo la Biblia: Cómo se forman maestros de la Palabra*, (1999).

"Yo estaba en el Espíritu en el día del Señor, y oí detrás de mí una gran voz como de trompeta, que decía: Yo soy el Alfa y la Omega, el primero y el último. Escribe en un libro lo que ves, y envíalo a las siete iglesias que están en Asia: a Efeso, Esmirna, Pérgamo, Tiatira, Sardis, Filadelfia y Laodicea" (Apocalipsis 1:10–11).

"El que tiene oído, oiga lo que el Espíritu dice a las iglesias" (Apocalipsis 2:29).

30

El Testimonio del Espíritu

"Este es Jesucristo, que vino mediante agua y sangre; no mediante agua solamente, sino mediante agua y sangre. Y el Espíritu es el que da testimonio; porque el Espíritu es la verdad. Porque tres son los que dan testimonio en el cielo: el Padre, el Verbo y el Espíritu Santo; y estos tres son uno. Y tres son los que dan testimonio en la tierra: el Espíritu, el agua y la sangre; y estos tres concuerdan" (1 Juan 5:6–8).

EL ESPÍRITU SANTO DA TESTIMONIO DE LA COEXISTENCIA de la Trinidad desde el principio de la creación, cuando se movía sobre la faz de las aguas. El Espíritu dio testimonio del Hijo desde el inicio de su ministerio cuando fue bautizado en el Jordán: *"Y Jesús, después que fue bautizado, subió luego del agua; y he aquí los cielos le fueron abiertos, y vio al Espíritu de Dios que descendía como paloma, y venía sobre él. Y hubo una voz de los cielos, que decía: Este es mi Hijo amado, en quien tengo complacencia"* (Mateo 3:16–17). La Trinidad coexiste en unidad y en armonía obrando en la redención de la raza humana.

"Así como es importante hablar de Cristo como Dios y en relación amorosa con el resto de la Trinidad, también es crucial afirmar, primero y ante todo, que el Espíritu Santo es igualmente divino e igualmente activo en el amor de la Trinidad como las dos primeras personas", (traducción libre), Rhonda Crutcher, *Creencias esenciales* (2016).

"Y el que guarda sus mandamientos, permanece en Dios, y Dios en él. Y en esto sabemos que él permanece en nosotros, por el Espíritu que nos ha dado" (1 Juan 3:24).

"Y por cuanto sois hijos, Dios envió a vuestros corazones el Espíritu de su Hijo, el cual clama: ¡Abba, Padre!" (Gálatas 4:6).

31

No Perder el Espíritu Santo

"Crea en mí, oh Dios, un corazón limpio, y renueva un espíritu recto dentro de mí. No me eches de delante de ti, y no quites de mí tu santo Espíritu. Vuélveme el gozo de tu salvación, y espíritu noble me sustente" (Salmos 51:10-12).

EL SALMISTA DAVID RECONOCE QUE ES EL ESPÍRITU SANTO quien purifica y ayuda a mantener un corazón recto delante de Dio; por lo tanto, ruega a Dios que no se lo quite. El Espíritu produce el gozo y da testimonio de la seguridad de la obra salvífica de Dios en su vida.

Por medio del fruto del Espíritu la persona obtiene un carácter de humildad, aun cuando tiene privilegios y bienes que, por lo general, pueden crear actitudes de arrogancia y orgullo en el ser humano. El Espíritu de Dios crea en la conciencia de la persona un estado de no jactancia por la posición socioeconómica, puestos de liderazgo o cualquier otro logro humano alcanzado.

"Si conociéramos la continuidad del poder del Espíritu estaríamos en guardia para llevar vidas sencillas, libres del desenfreno y excesos, estando listos para sufrir 'penalidades como buen soldado de Jesucristo' (2 Timoteo 2:3)", D.L Moody, *Ardiendo Para Dios*, Wesley L. Duewel, (1955).

"¿O pensáis que la Escritura dice en vano: El Espíritu que él ha hecho morar en nosotros nos anhela celosamente? Pero él da mayor gracia. Por esto dice: Dios resiste a los soberbios, y da gracia a los humildes" (Santiago 4:5-6).

CONCLUSIÓN

ESPERO QUE HAYA DISFRUTADO DE LOS DEVOCIONALES reflexivos de la maravillosa persona del Espíritu Santo, y que ahora tenga un mejor conocimiento y relación personal con el Espíritu Santo en su vida y ministerio. Estos pasajes de reflexión devocional pueden servir para la predicación, estudio bíblico, o en grupos de discipulado.

"Y por cuanto sois hijos, Dios envió a vuestros corazones el Espíritu de su Hijo, el cual clama: ¡Abba, Padre!" (Gálatas 4:6).

"En él también vosotros, habiendo oído la palabra de verdad, el evangelio de vuestra salvación, y habiendo creído en él, fuisteis sellados con el Espíritu Santo de la promesa" (Efesios 1:13).

"Nuestras cartas sois vosotros, escritas en nuestros corazones, conocidas y leídas por todos los hombres; siendo manifiesto que sois carta de Cristo expedida por nosotros, escrita no con tinta, sino con el Espíritu del Dios vivo; no en tablas de piedra, sino en tablas de carne del corazón" (2 Corintios 3:2–3).

¡AMÉN!

72

* 9 7 8 1 5 6 3 4 4 8 6 8 3 *